Libertad financiera automática

El secreto de las finanzas personales

Dante Di Costa

CW01502347

Créditos y descarga de responsabilidad

Para cualquier cuestión: nosololibrosllc@gmail.com.

Tabla de contenido

Libertad financiera automática **1**

El secreto de las finanzas personales **1**

Créditos y descarga de responsabilidad **2**

"La plata que más vale en este mundo es la palabra". **6**

Pablo Escobar. **6**

Introducción **7**

Un regalo **9**

Capítulo 1 **10**

Te presento la fórmula para ganar dinero en abundancia… ¡y mantenerlo! **10**

Une tu pasión con demanda 14

No te centres en el precio: céntrate en el valor 17

Conoce tu mercado y aporta soluciones 18

Gasta menos de lo que ganas 21

Diversifica 23

Ahora con propósito 25

Capítulo 2 **27**

Apaláncate en la tecnología y harás realidad la libertad financiera para ti **27**

Disfruta viajando bajo modalidades accesibles 28

Economía colaborativa y voluntariados 29

Couchsurfing 30

Workaway 33

Trueque: reformas viviendas abandonadas a cambio de alojamiento 37

Negocios digitales: afiliación y producción 38

Dervicios como *freelance* desde donde quiera que estés 41

Conoce las plataformas para servicios *freelance* 42

Capítulo 3 **53**

Hazlo hoy: transforma tu mentalidad y obtendrás tu libertad financiera **53**

Supera y deshazte del consumismo 54

Asegúrate de ser feliz, ¡es lo importante! 58

Despide a tu jefe y emprende con pasión 59

Vive en coherencia con tu propósito de vida 60

¡Libérate de la carrera de las ratas! 61

Conclusión **63**

Un regalo **66**

"La plata que más vale en este mundo es la palabra".

Pablo Escobar.

Couchsurfing 30

Workaway 33

Trueque: reformas viviendas abandonadas a cambio de alojamiento 37

Negocios digitales: afiliación y producción 38

Dervicios como *freelance* desde donde quiera que estés 41

Conoce las plataformas para servicios *freelance* 42

Capítulo 3 **53**

Hazlo hoy: transforma tu mentalidad y obtendrás tu libertad financiera **53**

Supera y deshazte del consumismo 54

Asegúrate de ser feliz, ¡es lo importante! 58

Despide a tu jefe y emprende con pasión 59

Vive en coherencia con tu propósito de vida 60

¡Libérate de la carrera de las ratas! 61

Conclusión **63**

Un regalo **66**

"La plata que más vale en este mundo es la palabra".

Pablo Escobar.

Introducción

Alcanzar la libertad financiera ha sido el verdadero anhelo de nuestra especie desde siempre. Esa independencia, esa tranquilidad de no estar atados, de vivir sin restricciones ni condicionamientos de ningún tipo. Lo que poco se dice al respecto es que la libertad financiera se alcanza mediante la mentalidad adecuada. Es decir, a través de un esfuerzo constante e interminable sobre nuestra visión del mundo y de la vida.

En el libro que hoy tienes entre tus manos encontrarás algunas herramientas, ideas y reflexiones que te ayudarán a comprender con mayor claridad los mecanismos que te podrían ayudar a alcanzar dicho propósito. En el camino, tendrás que enfrentarte con paradigmas e ideas que han estado profundamente arraigadas en ti durante mucho tiempo. Por ejemplo, que el dinero es el camino a la libertad. Lo irónico, querido lector, es que sucede todo lo contrario. El dinero, más que el objetivo central, es un medio justo y adecuado para la libertad.

Existen, desde luego, cosas mucho más importantes que el dinero o la riqueza. Cuestiones que, analizadas a profundidad, se revelarán ante ti como un descubrimiento sin antecedentes. Hablemos, por ejemplo, de las relaciones que construimos a lo largo de nuestras vidas. Relaciones, alianzas. Ten siempre presente que el activo más valioso eres tú y, por lo tanto, las relaciones que edifiques en el día a día. Estas te acercarán significativamente a la libertad financiera.

La mentalidad que edificarás a partir de ahora, con lo aprendido en estas páginas, será el punto de partida para que no vuelvas a desperdiciar tu vida en deseos banales, en hábitos mecánicos, en condicionamientos sociales. Me he propuesto enseñarte algunas herramientas que me han sido de gran ayuda, que me han impulsado de muchas maneras. Herramientas a ideas que, dicho sea de paso, forman parte de la columna vertebral de mi libertad financiera hoy.

Lo que te ofrezco, a continuación, es una serie de capítulos que te permitirán abrir algunas nuevas puertas y ventanas en el camino a la libertad financiera. Entendiendo, pues, que no se trata solo de dinero y riquezas, sino de la posibilidad de vivir fuera de todo temor, de toda restricción o atadura.

Un regalo

Te queremos recompensar tu compra dándote más de lo que esperabas: otro libro del mismo tema totalmente gratis. Lo puedes descargar siguiendo el enlace: **https://www.subscribepage.com/librosdefinanzas**, o con el código QR:

Además, te comunicaremos información interesante, como otros *ebooks* gratis. O, si no quieres recibir más correos, puedes poner fin a la suscripción cuando quieras, gratis, con solo un clic.

Si este libro te ayuda, agradeceríamos mucho una reseña (en la empresa de Jeff Bezos, Google…) y que lo compartas con quien consideres.

¡Gracias!

Capítulo 1

Te presento la fórmula para ganar dinero en abundancia... ¡y mantenerlo!

El problema de los viejos paradigmas, en el que muchos de nosotros crecimos y adoptamos desde generaciones pasadas, es que no han envejecido tan bien como cabría suponer. En los años posteriores a la segunda guerra mundial, era totalmente comprensible que nuestros bisabuelos optaran por empleos fijos, prometiendo lealtad a las pocas empresas que les dieran la oportunidad. Las condiciones socioeconómicas, así como la incertidumbre de que en cualquier momento se diera otro conflicto bélico entre potencias mundiales de Europa (incluida la Unión Soviética) y Estados Unidos, invitaban a una decisión rápida. Es así como se pasaban la mitad de sus vidas desempeñando las mismas funciones, sin apenas echar un vistazo a las oportunidades ofrecidas en el entorno. Pero, ahora mismo, las cosas han cambiado drásticamente. En la actualidad existe una infinidad de posibilidades para construir un sistema financiero personal automático, que trabaje mientras nosotros descansamos, que garantice un movimiento constante por parte de nuestro capital en aras de generar más y más riqueza.

En este primer capítulo, la primera parada de este recorrido, te explicaré a profundidad cuáles son las claves que me han permitido diseñar un método funcional para darle a mi libertad el lugar que merece, a la vez que genero prosperidad desde el punto de vista financiero.

Te hablo de abundancia, de hacer lo que quieras, de absoluta independencia. Si piensas que el dinero es malo, es hora de que deseches esa creencia, cuando alguien tiene mucho dinero, dispone del tiempo para disfrutar de las otras cosas que le apasionan.

Somos libres solo en la medida en que así lo buscamos. La libertad, lejos de lo que comúnmente se cree, no es un resultado de las circunstancias; es una condición mental en la que nos desarrollamos y crecemos como individuos.

Libertad es una palabra que leerás mucho en este libro, precisamente porque esa búsqueda es la que nos brinda un propósito vital. Puedes ser libre, sin excusas ni rodeos. ¡Tienes todo lo que necesitas para ello! Es fundamental que te hagas consciente del poder que habita en ti.

La libertad es una palabra muy amplia que puede interpretarse de diversas maneras. Cada uno puede armar un concepto en función a sus propios intereses y a su visión del mundo.

Durante buena parte de mi vida me he enfocado en esa libertad que construimos mediante el esfuerzo. En este sentido, existe un concepto psicológico que me gustaría que conozcas: el locus de control. ¿Lo habías escuchado antes?

Te pondré un ejemplo, en los colegios, cuando llega el momento de repartir las calificaciones de los exámenes, la reacción habitual entre quienes pasaron la prueba es:

¡Aprobé!

O

Saqué un 7/8/X.

Quienes no pasan la prueba suelen decir:

Me suspendieron/reprobaron.

Me puso un 0/1/X.

Esto es habitual porque a nadie le gusta responsabilizarse de lo que sale mal. Pero, cuando eres adulto, si quieres ser libre, necesitas responsabilizarte de tus actos.

Este libro no va sobre libertinaje financiero.

Existen dos tipos de locus:

Las personas con locus de control interno atribuyen lo que sucede en sus vidas a sus propias decisiones o acciones.

Una persona con locus de control interno diría: saqué X, aprobé o suspendí. Es el sujeto de la frase, y de su vida, no un subordinado.

Este tipo de personas son conscientes del impacto de sus actos, de la naturaleza causa-efecto. Por lo tanto, suelen ser exitosos, autosuficientes e independientes.

Locus de control externo: aquí, las personas atribuyen la responsabilidad de algo a cuestiones externas o subjetivas como el karma, Dios o la Providencia. Por lo general, tienen sentimientos de desesperanza y una escasa autoconfianza (porque han interiorizado la creencia de que no tienen el poder para cambiar determinada situación).

Ten mucho cuidado con las personas con locus de control externo, viven en depresión, son tóxicas.

Hay un método para detectarlas a tiempo: pregúntales cuáles son sus metas/objetivos y por qué no los ha logrado todavía.

Si su respuesta es por factores externos: política, familia, economía, suerte... Huye.

Para ser libre tienes que asumir toda la responsabilidad de tus resultados, pero no es una pesada carga, todo lo contrario.

Lo que sucede es que muchas veces cargamos otro *equipaje* mucho más pesado y que nada nos aporta.

En vez de enfocarnos en lo que hacemos, en ocasiones perdemos una energía irrecuperable en seguir caminos trillados o aceptar normas sociales por costumbre.

La libertad de no estar atados a un horario, de liberarnos de rutinas, de condicionamientos que en muchos casos son externos y nos limitan. ¡Esa es la idea! Y, lo cierto, es que no es para cualquiera.

Hace falta mucho valor para ser libre.

Une tu pasión con demanda

Esto es importantísimo, querido lector. De nada vale que seas la persona con mejores conocimientos técnicos sobre un tema que no interesa a nadie. Sé muy bien que suena duro, que parece demasiado frívolo, pero es facilitará mucho la vida.

La primera clave de la fórmula que aquí te presento es precisamente esta: si quieres generar abundancia, reivindicar esa libertad que está al alcance de todos, es imprescindible que aquello que nos apasiona (y para lo que generalmente somos muy buenos y hábiles) tenga una demanda significativa en el mercado. De lo contrario, viviremos atados a la frustración de saber que lo que nos acelera el corazón, que aquello para lo que somos genuinamente buenos, no se traduce en la tranquilidad que provee ser libre, independiente. Surge, pues, una interrogante más que válida en este sentido: ¿cuál es el destino de quienes no gozan de solvencia económica?

Ahora bien, ¿cómo sabemos si algo tiene la demanda suficiente? Mantente actualizado, en la mayoría de mercados la demanda es muy variable. Esto implica estar al tanto de las tendencias que se mueven en el mundo, de lo que la gente necesita, de las problemáticas presentes en la sociedad. Si te mantienes constantemente informado, encontrarás cientos de oportunidades para desempeñar (con un propósito claro) aquello que tanto te apasiona.

Por ejemplo, es muy interesante el caso de Susana Vital, te recomiendo su libro:

Cómo me hice RICA con el CRIPTOARTE: Y cómo cualquier artista puede ganar dinero con NFTs.

Quizás hayas escuchado alguna vez que las criptomonedas o los NFTs son una estafa o cosas así.

La evidencia de los beneficios de los criptoactivos me parece muy evidente, puedes ver por ejemplo el libro de Roberto de los Bosques:

El libro negro de los CRIPTOCTIVOS, la FISCALIDAD y la LIBERTAD FINANCIERA: Rutas de elusión fiscal con criptomonedas, NFTs y sociedades.

Además de para proteger tu privacidad y tu patrimonio, la propiedad digital sirve para formar comunidades y, no lo olvidemos, somos animales tribales, nos encantan las tribus.

Lo duro de todo esto es que hay individuos desperdiciando las oportunidades para ser libres por sus viejos paradigmas. Vemos hombres y mujeres con grandes habilidades, pero aferrados a ideas y métodos que no son tan realistas en la actualidad. Siguen sin aprovechar las oportunidades del mundo digital.

Hay millones de personas que buscan la solución a problemáticas determinadas. Si construir esa solución se convierte en tu pasión, y trabajas incansablemente para captar esos nichos, para fidelizarlos, créeme, todo lo que aportes (y más) te volverá.

Si has identificado una solución a alguna problemática, tu siguiente objetivo será resolver este conflicto de la mejor manera posible. En el ínterin, sobra decirlo, conocerás a muchas personas que, como tú, buscan el mismo objetivo. Diferenciarte será un salto de calidad en términos de libertad e independencia. ¡Procura que esta solución y tus pasiones converjan!

Pregúntate siempre cómo puedes hacer más por tus clientes, cómo aportarles más de lo que esperan, ser la mejor opción, que sientan que han pagado mucho menos que el valor que les has aportado, que se sientan en deuda.

No te centres en el precio: céntrate en el valor

Emprendedores y empresarios han perdido infinidad de oportunidades por concentrarse única y exclusivamente en el precio. Es un tipo de pensamiento limitante que no solo parte de una premisa equivocada ("con un menor precio, obtengo más clientes") sino que impacta directamente en lo que se entiende por el bien o servicio que se ofrezca. La idea de emprender un negocio no pasa solo por ganar dinero, sino por aportar soluciones novedosas y factibles a un nicho que tiene problemáticas concisas. Y, ¿por qué es tan importante ser un elemento positivo en esta dinámica? ¿Qué ganarás siendo el proveedor de esa solución? ¡La tranquilidad de ser libre! Esto te lo explicaré mejor más adelante. Es por ello por lo que personalidades como Steve Jobs o Jeff Bezos tienen un puesto garantizado en los anales de la historia empresarial, porque nunca desperdiciaron la oportunidad de crear valor en sus productos.

Te propongo que reflexiones sobre esto desde la panorámica del cliente. En algún momento, has tenido que salir a la calle o revisar en internet para encontrar algo que te ayudara con determinado conflicto en tu vida diaria. Si como cliente optas por el camino más sencillo, escogiendo el producto más barato del mercado, existe la posibilidad (alta) de que dicho producto no satisfaga tu necesidad. Las personas no buscan ahorrarse unos dólares, lo importante para ellas es resolver su problema.

Si te concentras en el valor que aportas, bien sea como emprendedor o profesional, terminarás sacándole una ventaja nada despreciable a tus competidores, porque ofreces calidad, porque tienes altos estándares de compromiso con tu solución, porque entiendes las necesidades del cliente. Si, en cambio, sacrificas calidad para ofrecer algo a un menor precio, tu marca desaparecerá tan rápido como nació. No querrás eso.

Conoce tu mercado y aporta soluciones

Indudablemente, hay muchas personas alrededor del mundo que buscan soluciones prácticas. Estás en la era de Internet, tienes toda la información que necesitas a pocos clics: Google, la mayor empresa de comercio electrónico del mundo y YouTube son excelentes fuentes, revisa las intenciones de búsqueda y los resultados más populares, te harás una idea de cada mercado.

Encontrarás algo evidente en la mayoría de los casos: hay quienes ya están resolviendo el problema que tú también resuelves. Llevan años, conocen el juego y están posicionados.

Solo quien encuentre caminos más sencillos y novedosos hacia la solución logrará diferenciarse del resto.

Hay muchas oportunidades para quien está atento a ellas. Si caes en la trampa de pensar que no existen posibilidades suficientes para que tu idea de negocio o el bien que ofreces tenga un lugar privilegiado en el nicho que ataques, terminarás interiorizando estas palabras. En definitiva, dudarás de ti y, ¿sabes lo que pasa cuando no tenemos suficiente autoconfianza? Nos encerramos en nosotros, nos mantenemos al margen, no actuamos. Si algo he aprendido a lo largo de estos años es que la inacción es un veneno que mutila nuestras oportunidades de alcanzar la libertad. Cuando nos decían, en los noventa, que el cielo es el límite, no lo tomamos demasiado en serio. Ahora somos conscientes de esta verdad.

¿Cuál es tu mercado? Bueno, para saber esto antes debes conocer aquello que ofrecerás. Por ejemplo, tus habilidades técnicas. Si eres muy bueno en determinado tema, tienes múltiples opciones para generar dinero dando asesorías, diseñando procesos formativos, talleres, cursos, conferencias, incluso comercializando productos digitales como audiolibros o presentaciones. De esta manera, tendrás la tranquilidad de que te será posible generar ingresos desde cualquier parte del mundo, sin apegarte a una rutina o a un horario en concreto. Ahora, ¿cuál es el tema en el que eres bueno? Esto es fundamental reconocerlo porque, desde el desconocimiento, no estarás atento a las oportunidades.

Te pongo un rápido ejemplo: Ramiro, un gran amigo y colega en el mundo de las inversiones es un orador magnífico. He asistido, al menos, a una docena de sus charlas. Es alguien que habla con claridad, que manifiesta sus puntos de vista con elocuencia, que crea sinergia entre los participantes. Su infancia transcurrió con mucha gracia, envuelto en un entorno familiar donde siempre se reconocieron sus habilidades para transmitir. Este ambiente tan favorable fue el caldo de cultivo para que Ramiro, entrada la adolescencia, descubriera y se hiciera consciente de lo sencillo que le resultaba entablar conversaciones funcionales, sensatas. A menudo era el delegado asignado en el colegio donde estudió. Incluso los docentes le tenían en alta estima por sus participaciones públicas en presentaciones y debates. No fue sino hasta iniciada la universidad en que esas presentaciones se tornaron más formales, llegando a ser contratado por docentes para dar pequeñas charlas relacionadas a la facultad. Fue entonces cuando se dio cuenta de que esas habilidades, tan bien fomentadas desde la infancia, le permitirían ganar dinero. Ahora mismo, mientras lees estas líneas, él estará preparando una conferencia para una reconocida universidad de su ciudad. ¡Ramiro ha descubierto algo que le apasiona y le genera dinero al mismo tiempo!

Si eres capaz de reconocer tu mercado, el nicho al que orientarás tus esfuerzos, obtendrás buenos resultados. La libertad (en todos sus sentidos), querido lector, tocará a la puerta de tu casa. Siempre digo que este es el mejor momento porque así lo es. Las herramientas tecnológicas, las necesidades puntuales de las personas, su demanda. Todo esto incide, de una u otra manera, en que tengamos miles de puertas abiertas. El problema, repito, está en mantenernos aferrados a viejos paradigmas.

Gasta menos de lo que ganas

Resulta una obviedad, ¿cierto? Pero, si lo analizas a profundidad, te darás cuenta de que la independencia económica es una completa utopía cuando no somos capaces de controlar los impulsos y las emocionalidades en medio del manejo de nuestro dinero. Supongamos por un instante que eres un profesional bien pagado en tu sector. Que, además, has empezado con un emprendimiento de algo que te apasiona sobremanera. Tienes las expectativas en su punto más alto porque entiendes que emprender es una forma de diversificar. Con mucho esfuerzo, diseñaste un plan de trabajo. Tu planificación estratégica está basada en la asignación de capital en todos los proyectos. Sin embargo, eres un comprador compulsivo que durante años ha acumulado objetos indiscriminadamente. Por novedosa que sea la solución que quieres compartir en tu idea de negocio, tanto esta como tu estabilidad están condenadas al fracaso.

Suena duro, pero es la realidad. Y es aquí donde entra en juego lo siguiente: si *gastar menos de lo que se gana* es una obviedad, ¿por qué seguimos cayendo en la trampa? Todos los expertos en finanzas personales, desde Robert Kiyosaki hasta inversores de la talla de Warren Buffett, nos recomiendan lo mismo: que el dinero ingreso no supere jamás el dinero que gastamos. Y es cierto. La manera de romper con este patrón de dificultades económicas es, precisamente, trabajando en nuestros hábitos y en nuestros patrones de consumo. Si bien es cierto que en nuestros países occidentales hay una tendencia ciega al consumismo, también lo es que esta tendencia es la cruz sobre nuestros ataúdes. En la medida en que aprendas a controlarte, en que sigas con rigurosidad tu plan financiero, te irá muchísimo mejor.

¿Deudas? ¿Crédito? Entiende la diferencia entre la deuda mala y la deuda buena o el apalancamiento. Si vas a pedir dinero prestado para que te genere más dinero del que te dan y de los intereses que te cobran, puede ser una buena idea.

Por ejemplo, quieres ampliar tu negocio y utilizas un crédito hipotecario para comprar un inmueble mayor y mejor situado.

Ahora bien, estudia tu caso. Lo más probable es que la mejor estrategia, en el caso del ejemplo, sería que una nueva empresa o sociedad adquiriese el inmueble con el préstamo hipotecario y te lo alquile a ti o a tu empresa, por un importa superior al que paga de hipoteca.

De este modo separas ambas cuentas y responsabilidades dando más fortaleza a cada negocio.

En caso de que tu negocio principal o que estaba en el primer momento fracase, nadie podrá embargarte el inmueble, bastará con que vuelvas a alquilarlo para que siga siendo un negocio rentable.

Para que funcione es clave que compres bien, aunque te lleve tiempo encontrar una oportunidad, de forma que puedas poner un alquiler a precios de mercado y salgan las cuentas.

En caso de que el alquiler sea arbitrario, corres el riesgo de descubrir que, si tienes que competir, pierdes los márgenes de ganancia.

Diversifica

Ser realmente libre implica generar un sistema automático que te facilite vivir tu vida sin mayores ataduras. La premisa es bastante sencilla: no pongas todos los huevos en la misma canasta. De eso se trata diversificar. Si bien es cierto que hay muchas personas que viven tranquilamente gracias a una única fuente de ingresos, hace falta mucha exactitud y precisión para dar con el botón adecuado. Esto es algo que he hablado bastante, en conferencias y otros libros, porque he aprendido de ello mediante la práctica. Pensemos en un profesional de la tecnología. Alguien que trabaja a tiempo completo para una compañía que se dedica al desarrollo de aplicaciones móviles. Para nadie es un secreto que este tipo de oficios es de los mejor cotizados en la actualidad, lo que nos lleva a pensar que sería una insensatez total poner un techo a la generación de dinero. Recuerda que lo que buscas es libertad, independencia. Entonces, si volvemos a esa premisa, cumplir un horario riguroso parte en dos el camino. Cuando te hablo de diversificar, no me refiero al trabajo asalariado como algo intrínsecamente negativo. ¡En lo absoluto! Pero, ¿qué mejor manera de buscar la libertad que a través de la seguridad económica? Este profesional, además del contrato que ha firmado con su empleador actual, también ha incursionado en el mundillo del trabajo independiente y, por si fuera poco, ha hecho algunas inversiones. Entonces, en lugar de una fuente de ingreso, dispone de varias.

- Inversiones.
- Trabajo independiente.
- Empleo contractual.

Si a esto añadimos que el profesional ha desarrollado algunos *ebooks* o productos digitales que comercializa abiertamente en plataformas como la empresa de Jeff Bezos, hablamos de cuatro fuentes de ingreso, todas relacionadas a aquello que le apasiona y que tiene tan alta demanda en el mercado. Increíble, ¿no lo crees? Incluso si esta persona gana muy bien en su relación laboral ahora ha triplicado sus ingresos gracias a la diversificación. Por eso la importancia de diseñar un plan que nos permita tener un sistema automático de abundancia. Sé que suena complicado, pero no lo es cuando tienes la determinación para jugar tus mejores cartas. Todo se trata, en definitiva, del interés que ponemos en nuestros propósitos personales. ¿Qué tanto quieres ser libre? Esa es la pregunta más importante. Te invito, pues, a que diversifiques tus fuentes de ingreso. Así la independencia dejará de ser un deseo, una utopía, para convertirse en tu nueva realidad.

Ahora con propósito

La última clave de esta fórmula de abundancia es el ahorro, pero no cualquier tipo de ahorro, sino uno diseñado minuciosamente para cumplir con un propósito. El problema es que estamos tan acostumbrados a pensar en el dinero como un problema que hemos dejado de verlo como la oportunidad para otras cosas que van mucho más allá.

El ahorro con propósito implica tener un plan estratégico y cumplirlo a cabalidad, independientemente de las condiciones o circunstancias que se presenten en el camino.

Mucho cuidado con esto porque si tu *propósito* es divertirte, puede que la resaca/cruda esté muy dura.

Si, por ejemplo, haces una inversión en criptomonedas, tu intención es que esta inversión inicial te genere un retorno, una ganancia, ya sea de forma pasiva como intereses o una ganancia de capital por la compra y venta. Lo mismo sucede con todas las acciones y pasos que damos en la construcción de abundancia económica. Diversificar tus fuentes de ingreso puede permitirte tener más dinero, ser más libre, pero ¿con qué fin? Tiempo libre, libertad.

Camina pensando en dar el paso siguiente en el mismo sentido. Si ya gozas de tres fuentes de ingreso, ahorra para permitirte una cuarta y una quinta fuente. Cada vez gozarás de más tranquilidad para viajar, conocer el mundo, hacer cualquier cosa que te apasione sin que ello implique un riesgo a tu estabilidad económica. Esto es lo que llamamos la paz financiera. La meta. Aunque el camino no se termina, simplemente estarás, si haces bien las cosas, dándole continuidad a tus estrategias de inversión para seguir generando más.

Capítulo 2

Apaláncate en la tecnología y harás realidad la libertad financiera para ti

Este, el segundo capítulo del libro es el más importante dentro de todo el temario. ¿La razón? Aquí descubrirás algunas herramientas y recursos totalmente asombrosos para mejorar tu vida de diversas maneras. Porque el mundo, querido amigo, es tan bello como lo queramos. Partiendo de esta premisa, he preparado un capítulo en el que retomarás esa conexión con nuestra madre naturaleza, con el globo terráqueo que hoy nos contiene en su seno. Fundamentalmente, es un capítulo en el que abordaré temas todos relacionados con la libertad financiera, empezando por los viajes en modalidades económicas para terminar conociendo un poco sobre las herramientas tecnológicas que te servirán para poner a la orden de millones de personas tus habilidades y destrezas.

Porque, aunque no lo creas, ser un trotamundos te abre tantas puertas como podrías imaginar. Lo he aprendido durante años y estoy preparado para transmitirte todos mis conocimientos en unas cuantas páginas que, te pido encarecidamente, leas con mucha atención. Es posible que algunas de las siguientes propuestas no encajen por completo en lo que eres, en tus expectativas. No pasa nada. Sin embargo, ten presente que en la mentalidad, las relaciones y el conocimiento son los recursos más valiosos de quienes hoy son líderes y referencias inequívocas en sus áreas de interés. Ser financieramente libre siempre ha sido una opción a tu alcance. Solo necesitas enfocarte, trabajar en ti y preparar las condiciones para que la libertad financiera sea tu propósito más claro.

Disfruta viajando bajo modalidades accesibles

Empezaré, ¿cómo no?, hablándote de mi experiencia y de la de muchos colegas que entendemos la vida como la acumulación de anécdotas y recuerdos felices. Este mundo, nuestro hogar, tiene una serie de características que lo hacen asombroso desde distintos puntos de vista. Conocer nuevos países, nuevas ciudades, nuevas culturas, es una especie de formación a la que todos deberían tener acceso. Personalmente, siempre he disfrutado sobremanera con la posibilidad de conocer otras perspectivas lejos de mi ciudad natal. Pero, en honor a la verdad, no lo hice hasta cierta edad por miedo. Ese miedo que nos ponen a cuestas y que está relacionado con el dinero.

"Viajar es muy costoso", "viajar requiere tener tiempo suficiente y tengo que trabajar", "sería bonito viajar, pero no sé bien cómo hacerlo". Estas son solo algunas de las justificaciones que a menudo utilizamos cuando no tenemos idea del monstruoso impacto que el viaje constante tendrá en nuestro juicio, en nuestras vidas. Es por eso por lo que he traído para ti una serie de herramientas y recomendaciones que te permitirán hacerte un viajero frecuente sin descapitalizarte en el camino. ¿Sabías que es totalmente posible? Bueno, ¿qué te parece si me acompañas durante las próximas páginas y lo descubres por ti mismo/a?

Cuatro alternativas que me han llevado a lugares que ni te imaginas. Cuatro alternativas que no solo son accesibles, sino que representarán un punto de inflexión en tu vida. Si te atreves a viajar, pero no sabes cómo ni cuentas con exorbitantes sumas de dinero, presta atención a este segmento. ¡Te llevarás una gratísima sorpresa!

Economía colaborativa y voluntariados

En este caso, un modelo llamado *sharing economy* o Economía colaborativa. ¿De qué va? Básicamente, sucede cuando dos o más personas comparten e intercambian bienes y servicios sin beneficio financiero de por medio (puede haber dinero, pero es para cubrir gastos). A menudo, este intercambio se encuentra mediante las plataformas digitales. Lo particular de esta metodología es que es de fácil acceso para cualquier persona, independientemente de si es profesional o no. Este tipo de intercambios ha resuelto la vida de miles de personas a lo largo del planeta.

Una vez más, un paradigma novedoso que rompe por completo la vieja dinámica del trabajo bajo relación de dependencia.

Couchsurfing

Couchsurfing es una red social creada en California con la maravillosa idea de compartir espacios que estaban disponibles, como sofás, y así hacer nuevos amigos de todo el mundo.

Este hecho, el que existen muchísimos bienes desaprovechados porque nadie los utiliza es la base de la economía colaborativa.

No necesitas construir más hoteles cuando hay tantas habitaciones vacías.

Es un excelente sistema para alojarte en cualquier parte del mundo gratis, sin embargo, la idea de esta opción no es ahorrarte unos dólares, sino fomentar el intercambio cultural.

Lo habitual es que aportes de algún modo, con un regalo, cocinando, escuchando, contando anécdotas interesantes, hospedando tú también…

Las familias o personas con quienes estarás son desconocidos, o, como dicen los fundadores: amigos que todavía no has conocido

Regístrate en la siguiente dirección: www.couchsurfing.com. Dependiendo tu país puede que sea gratis o te pidan un cobro del precio de un café en algunos bares, con descuento si pagas el año completo.

Una vez dentro de la plataforma cubre todo tu perfil. Esta información es pública y determina la imagen que tendrán de ti posibles anfitriones, o *couchsurfers*, en el, muy recomendable, caso de que decías comenzar compartiendo tu espacio.

De hecho, si tienes la posibilidad esta es la mejor forma de entrar en la comunidad, como en cualquiera: aportando.

También puedes usar la opción de *hang out* disponible en la aplicación móvil. Cuenta con un geolocalizador que te permitirá organizar o formar parte de planes con *couchsurfers* cercanos.

Podría parecer una especie de Tinder, y mentiría si dijese que nadie lo usa de forma parecida.

Además de que la finalidad de *couchsurfing* no es encontrar pareja ni sexo casual, la diferencia principal radica en las reseñas. No solo son perfiles mucho más completos los de Cs en comparación con los de Tinder, es que cuentan con reseñas que aportan una seguridad incomparable.

Y en la opción de *hang out* es posible hacer grupos, no son solo conversaciones de dos como en Tinder.

También puedes crear eventos o unirte a los que haya cerca de donde estés. Algunos son similares a los que aparecen en otra red social, también recomendable, llamada MeetUp, particularmente interesantes son las reuniones de Toastmasters Internacional, un club de oratoria al que puedes asistir gratis.

Volviendo a CS, es interesante que adjuntes algunas fotos de tus viajes, de tus amigos, de tus hábitos, de tu estilo de vida. Una vez que hayas completado el formulario, tendrás la posibilidad de buscar alojamiento en cualquier país en el que te interesa estar.

explicar las razones por las que te interesa conocer ese país, también el recorrido que tienes planeado y cualquier otra cosa que te interese conocer de esa cultural.

Además, si tienes un emprendimiento en desarrollo,

Esta red social te ayudará a con el *networking*, como llaman ahora a hacer contactos profesionales. Conocer orientadas en la misma dirección que tú, construir alianzas para darle un empujón significativo a tu idea de negocio. Esto, aunque parezca una locura, también es posible haciendo Couchsurfing. Yo, personalmente, así como muchos amigos y colegas, hemos aprovechado las bondades de esta modalidad incluso para hacer planes o eventos relacionados con nuestros emprendimientos. Así como lo ves… ¡las posibilidades son infinitas!

Este tipo de iniciativas tienen como finalidad propiciar el intercambio cultural entre ciudadanos de distintas nacionalidades. Te acercará a nuevas culturas, a nuevas formas de ver el mundo, a nuevos paisajes. Una experiencia que nos enriquece a todos los que tenemos la oportunidad de vivirla.

Workaway

Si te interesa participar en dinámicas de voluntariado y, de esta manera, tener acceso a distintos lugares del mundo, esta opción te resultará mucho más que atractiva. Para ello, quiero hablarte de una red social que me fascinó desde el primer momento: Workaway.

Bien, Workaway es una red social que funciona básicamente para que te ofrezcas como voluntario a cambio de alojamiento y comida. Es una premisa bastante sencilla, pero que personalmente he utilizado un par de veces con excelentes resultados. Debes prestar atención a las condiciones y preguntar en caso de duda. Por ejemplo, qué actividades llevarás a cabo, cuántas horas al día, cuántos días a la semana.

Aunque la red social es muy útil y tiene un vasto número de ofertas, las actividades más comunes están relacionadas con el hogar. Me refiero a tareas como cuidar niños, mascotas, enseñar algún idioma a alguien o trabajar en oficios de jardinería o cocina.

No te imaginas la cantidad de opciones que encontrarás en la red social. Esto, a cambio de alojamiento, comida y, lo que es más importante, la experiencia de compartir tiempo con personas de otras culturas, con seres humanos que crecieron en condiciones distintas a las tuyas y, por consiguiente, con una visión del mundo que puede ser bastante valiosa para ti. Para iniciar con esto, solo debes:

- Acceder a la página web www.workaway.info/es.
- Seleccionar el tipo de trabajo que te interesa ejecutar.
- Seleccionar el país que te interesa conocer.

Así de sencillo. ¡Viaja y conoce el mundo!

Una buena alternativa a Workaway es **https://www.worldpackers.com/es/**, la propuesta de esta compañía, en sintonía con los valores de los mochileros más auténticos y libertarios, dice:

"Viaja como voluntario con seguridad, vive experiencias transformadoras y genera un impacto positivo".

Suena bien, ¿verdad?

Para ser justos, lo que dice *workaway* tampoco está mal, aunque eso de "vacaciones trabajando" no me acaba de sonar bien:

"Viajar diferente, conectar globalmente

La principal comunidad para el intercambio cultural, vacaciones trabajando y voluntariado en 170 países".

La propuesta de valor de ambas plataformas es que te cobran a cambio de contactos y seguridad. El trabajo de estas plataformas es velar por los intereses de ambas partes: voluntarios y anfitriones, proporcionándoles un marco de identidades virtuales y acuerdos explícitos.

Los voluntariados son una modalidad de vida de bajo costo o *lowcost*; te permite obtener alojamiento y casi siempre comida o dinero, a cambio de solo unas horas de trabajo, que puedes compaginar con cualquiera de los emprendimientos que menciono en este y en mis otros libros.

¿Quién no ha soñado salir con la mochila a ver mundo? Los voluntariados son fáciles de conseguir y te garantizan una cierta seguridad, te permiten gozar tu libertad financiera automática porque te das cuenta de que no necesitas nada más que aportar valor unas cuantas horas a la semana.

La filosofía *backpacker* ha ganado popularidad en los últimos años, especialmente gracias a las nuevas generaciones que valoran mucho más este tipo de experiencias. Todos, en algún momento de nuestras vidas hemos visto o conocido a alguien que llevó hasta el punto más alto esta filosofía de vida. Lo mejor es que cuando viajamos como mochileros no tenemos que seguir en la carrera de ratas que nos impone la sociedad desde que nacemos. Nos permitimos renunciar a ciertas comodidades porque nos interesa conocer rincones del mundo, porque nos entusiasma la idea de intercambiar ideas y debates con personas que fueron criadas en condiciones y perspectivas distintas. Y esto, de alguna manera, nos ayuda a madurar, a entender la importancia del dinero, sin que ello implique renunciar al propósito de todo ser humano sobre la faz de la tierra: la felicidad. La modalidad más económica, sin duda, para conocer el mundo, para conectar con otras culturas y para madurar desde la experiencia personal.

Worldpackers y Workaway, además, ofrecen programas de formación que van mucho más allá del intercambio del que te he hablado. Si lo deseas, aprenderás más sobre métodos para vivir como nómada digital.

No necesitarás invertir cuantiosas cantidades de dinero. Si estás justo, no te recomiendo invertir en estas aplicaciones, la verdad, siempre puedes ir preguntando, y mirar a los ojos, funciona.

Quiero decir: si tu objetivo es viajar y aplicar la libertad financiera automática, puedes buscar espacios donde aceptarían que hicieses algún tipo de voluntario a cambio de hospedaje, comida y formación; es una buena forma de dar un primer paso y expandir la zona de confort.

Trueque: reformas viviendas abandonadas a cambio de alojamiento

La última modalidad de la que te quiero hablar es la conocida como el truque. En particular para resolver el tema del alojamiento (aunque, si te va la aventura y el clima templado o cálido, siempre que las leyes de tu país no te lo impidan, no necesitas mucho para disfrutar la vida.

Aunque, es cierto, de cualquier manera, disponer de bienes inmuebles es a todas luces interesante y parte de cualquier estrategia financiera.

Esta modalidad, muy popular en la Europa rural, consiste en los siguiente: te ofreces como candidato para reformar viviendas abandonadas a cambio de alojamiento en ellas. Así de siempre. Lo habitual es que los dueños pongan los materiales y en muchas ocasiones también paguen los recibos de luz y agua.

Las viviendas abandonadas están en todos lados. Cualquier país del mundo, por recóndito que sea su ubicación, necesita personas que estén dispuestas a echar una mano para la reconstrucción de viviendas e infraestructuras diversas. La diferencia, querido amigo, es que aquí tu remuneración no será salarial sino habitacional. ¿Te parece raro? Piensa en todas las catástrofes naturales que se suceden sin fin en el planeta. Estas catástrofes a menudo traen consigo consecuencias para las infraestructuras citadinas. Lo vemos en huracanes, en terremotos, en huracanes.

¿Tu misión? Ayudar en la reestructuración de estas casas a cambio de alojamiento. De manera que no solo estarás ayudando a alguien a recuperar algo que considera valioso, sino que tendrás la oportunidad de compartir experiencias importantes, conversaciones, puntos de vistas con personas que tienen una visión del mundo diametralmente opuesta a la tuya. Esta es la universidad de la vida, amigo mío, y la mejor manera de aprobar los cursos es entregándote a ellos en cuerpo y alma. Te garantizo que, si te atreves, será una experiencia que te marcará de muchas maneras, que te ayudará a crecer. Lo he vivido en carne propia, lo he experimentado con manos y mente, y he regresado a casa siendo alguien con una mente más abierta, con mejores ideas del mundo y sus acontecimientos. Esto, sin duda, me ayudó a la hora de generar la abundancia tantas veces soñada.

Piénsalo, pocas habilidades son tan interesantes como saber construir viviendas, es algo fundamental para la vida y que te da libertad financiera automática.

Negocios digitales: afiliación y producción

Hotmart

Llegué a Hotmart gracias a Jessica, una amiga que ha crecido digitalmente a niveles impresionantes. Fue ella quien me recomendó echarle un vistazo al proyecto, analizarlo concienzudamente y, si así lo consideraba, incursionar en él. Está claro que no me arrepiento de haberle hecho caso, Hotmart es particularmente interesante para trabajar con población de América latina, pero también en España está haciéndose su sitio.

Y ¿qué es Hotmart? Una plataforma en la que puedes vender tus productos digitales como cursos o audiolibros. Dentro de sus funcionalidades para generar ingresos están la coproducción, afiliados y las ventas como tal.

El productor es quien quiere que su producto sea vendido, su interfaz es muy amigable e intuitiva, todo el tiempo tienes orientación para crear y comercializar tu propio producto digital en un mercado cada vez mayor.

Por otro lado, está el afiliado, quien utiliza sus conocimientos de mercadotecnia y/o redes sociales para promocionar y vender dicho infoproducto. De manera que, cuando consigue una venta, el afiliado obtiene una comisión por su trabajo. Es posible ser afiliado utilizando blogs, páginas web, *email marketing*, grupos y/o canales de Telegram...

Básicamente un productor en Hotmart es una persona que crea un curso online o cualquier otro material digital para comercializarlo.

La Mayor Empresa de Comercio Electrónico del Mundo

La empresa de Jeff Bezos es la empresa más importante, al menos así lo ha referido la revista especializada Forbes en los últimos años. Por lo tanto, hablo de la posibilidad de distribuir tus productos o soluciones digitales en el mercado libre más grande del planeta Tierra. No es poca cosa, eh. La empresa de Jeff Bezos nos permite vender prácticamente cualquier artículo que sea legal.

Además, tiene un programa de Afiliados, que funciona de una manera similar Hotmart, aunque aquí el porcentaje de comisión es fijo y no lo elige el productor.

Si un usuario de tu blog/página web/ red social accede al producto que tú has recomendado, este será redirigido a un enlace dentro de La empresa de Jeff Bezos. Si, por lo tanto, se concreta la venta, tú opciones un porcentaje como forma de comisión.

Si decides ser vendedor recuerda que aquello que quieres vender habla de ti, de tu calidad como proveedor. Por lo tanto, diseña minuciosamente la imagen de tu producto con buenas fotos.

Puedes incluso empezar adquiriendo productos de bajo coste provenientes de China o de cualquier otro país con mano de obra accesible.

La mayor empresa de comercio electrónico del mundo no ha crecido tanto en vano; es un imperio que te permite acceder a un público enorme sin una gran inversión.

La impresión bajo demanda (Print on Demand o PoD) es un fabuloso modelo de negocio con el que puedes vender a través de La empresa de Jeff Bezos tus propios libros productos: libros, camisetas, sudaderas... En lugar de tener guardados esos productos, estos se fabrican cuando alguien decide comprarlos. Un excelente modelo de negocio.

Aunque lo cierto es que el acceso al programa de PoD, llamado Merch by La empresa de Jeff Bezos, no es fácil. En cambio, si lo único que te interesan son los libros estás de suerte, es el único producto que el gigante del comercio electrónico permite producir gratis y de forma casi ilimitada (el máximo creo recordar que es añadir mil libros nuevos al día, algo que solo con *bots* ha sido superado, y es precisamente para evitarlos que existe tal máximo).

Si quieres aprender cómo ganar dinero escribiendo y publicando libros en la mayor empresa de comercio electrónico del mundo (y en otras librerías, si lo deseas), considera unirte a la **Universidad de los Escritores**.

También puedes afiliarte y generar ingresos de ese modo.

Dervicios como *freelance* desde donde quiera que estés

¿En qué eres bueno? ¿Cuál es esa actividad con la que hoy te ganas la vida en un empleo de lunes a viernes? ¿Qué te dicen tus colegas sobre tus habilidades en dicha actividad? Estas preguntas, concebidas desde la necesidad de autoconocimiento, te darán una noción mucho más clara de lo que puede ser tu siguiente paso en la diversificación de tus fuentes de ingreso. ¿Por qué crees que hay tantas personas que viven sus vidas de viajeros frecuentes sin que ello implica una existencia de precariedad y necesidades? Porque han descubierto y explotado esta alternativa. ¡No tienes ni idea! Yo mismo, durante meses, he pasado semanas enteras en el extranjero sin siquiera acercarme a una oficina. Lo logré porque entendí que mis conocimientos eran apreciados y tenían una gran demanda.

Fue entonces cuando decidí que podía satisfacer esa demanda y, en lo sucesivo, generar mucho dinero. Lo hice mediante el trabajo como *freelancer*. Sin lugar a duda, una opción para hacer dinero que no nos obliga a permanecer 50 o 60 horas en un mismo lugar y que nos permite la libertad que todos soñamos. Es sencillo, sí, pero requiere constancia y determinación. Cuando estás en una empresa, y cometes un error, es la empresa la que pierde prestigio en el mercado. En el mundo freelance, es tu marca la que resiente el impacto de tus decisiones. Por lo tanto, necesitarás ser organizado, metódico y responsable.

Conoce las plataformas para servicios *freelance*

Ahora bien, desempeñarte como freelance nunca fue tan sencillo como lo es ahora. Porque mientras lees estas líneas, hay millones de profesionales que cierran negocios exitosos con grandes empleadores que no exigen más que resultados. Profesionales que tuvieron sus carreras exitosas en algunas empresas y que, por la razón que fuere, viraron hacia la independencia que supone ser tu propio jefe. Entonces, ¿cómo lo lograron? ¿Qué tuvieron que hacer? Algo tan sencillo como investigar las opciones que las nuevas tecnologías ponen a nuestra disposición.

He disfrutado muchísimo navegando entre todas y cada una de estas plataformas para hablarte de ellas con noción. Como te dije, una de mis muchas fuentes de ingresos es, precisamente, el trabajo como freelance. Pero, para empezar, necesitarás saber qué plataformas favorecen esta actividad y en qué se diferencian unas de otras. ¿Me acompañas?

Workana

Comenzaré hablando de la plataforma Freelance más popular en Latinoamérica. Al momento de escribir esto, su sistema tiene inscritos poco más de 2 millones de usuarios registrados. La cantidad de oportunidades que puedes encontrar dentro de Workana es asombrosa, y ha sido un descubrimiento verdaderamente revolucionario que ha ganado enteros en popularidad con el pasar de los años. Que ahora las nuevas generaciones no estén tan interesadas en mantenerse quitas dentro de una misma estructura organizacional es una obviedad que no está sujeta a dudas. Y, en este sentido, plataformas como Workana surgen como un oasis en el desierto.

Y, ¿qué se puede hacer en esta página? Básicamente es un ecosistema en el que convergen profesionales independientes en busca de proyectos y empleadores en busca de profesionales. Así es como funciona. Las oportunidades son diversas y abarcan muchos campos de interés. Prácticamente cualquier actividad que involucre manejo de herramientas tecnológicas tiene su espacio dentro de Workana. Estas son las más comunes por filtro de búsqueda:

- Diseño gráfico y de multimedia.
- Escritura creativa y creación de contenido.
- Apoyo administrativo.
- Programación y tecnología.
- Finanzas y negocios.
- Ingeniería y arquitectura.
- Marketing digital y posicionamiento de productos.
- Ventas.

Si tienes curiosidad, accede a la página y echa un vistazo a la enorme demanda. Una demanda creciente que funciona en ambas direcciones, tanto de empleadores buscando gente capacitada como de profesionales independientes en busca de proyectos.

Fiverr

Ganar dinero desde cualquier recóndito lugar de este planeta nunca fue tan sencillo como ahora. La herramienta de la que te hablaré a continuación es una incuestionable evidencia de ello. Fiverr es mundialmente reconocida como una de las plataformas especializadas en la compra y venta de productos, así como la demanda de servicios digitales de todo tipo. Es decir, en ella no solo es factible vender servicios o productos, sino que se trata de la alternativa con mejor prestigio dentro de la comunidad. Ahora bien, como en la mayoría de las alternativas de este segmento, Fiverr solo funciona con productos digitales. Una de las características más llamativas de Fiverr es su interfaz gráfica, que ha sido minuciosamente diseñada para facilitar la experiencia de los usuarios.

Otra particularidad que conviene mencionar es su sistema de puntuación, que permite a los usuarios más destacados ir creciendo dentro de la estructura misma de la plataforma. Puntuación que, sobra decir, es dada por los clientes, lo que implica un serio impacto en la marca personal que representamos como profesionales independientes. En palabras más sencillas: nuestra imagen será evaluada constantemente en función a la calidad del bien o servicio que comercializamos dentro de la plataforma. Productos digitales, servicios profesionales y mucho más. Es así como ganarás dinero con Fiverr, si empiezas ahora mismo. Dentro de los servicios que más se piden dentro de la plataforma destacan:

- Contabilidad.
- Asesoría legal.
- Creación de contenido y redacción de documentos.
- Marketing y ventas.
- Diseño y tareas creativas.
- Apoyo en servicio al cliente.
- Producción y edición de videos/multimedia.
- Programación o desarrollo de software.

Upwork

Upwork, la tercera de la lista, parte de la misma premisa que las anteriores: un lugar dentro de la red en el que profesionales y empleadores convergen en aras de intereses comunes. Imagínate en alguna playa tropical, en Centroamérica, mientras trabajas tranquilamente en los proyectos para los que has sido contractado. Esa libertad de trabajar desde la comodidad de tu casa, en cualquier lugar del mundo, en un café o en medio de una montaña. Esto, y más, puedes hacerlo si consigues posicionar tu marca personal dentro de Upwork.

Del mismo modo que con Fiverr, Upwork ofrece una plataforma bastante amigable, intuitiva, que nos ayuda a familiarizarnos rápido con todas las funcionalidades de esta. El hecho de que sea tan fácil de usar explica su gran popularidad entre la comunidad de profesionales independientes. Podrás postular a proyectos diversos, entregar tus propuestas (tú mismo defines, en la mayoría de los casos, el valor de tu trabajo) y, eventualmente, obtendrás la primera de muchas oportunidades para hacer crecer tu marca dentro de la comunidad. Hay todo tipo de tareas y actividades dentro de Upwork. Te dejo una rápida lista de las más solicitadas según el último informe anual:

- Programación y desarrollo de Software.
- Ingeniería y arquitectura.
- Diseño y tareas creativas.
- Creación de contenido y redacción de documentos.
- Big data y análisis.
- Ventas y marketing.
- Consultoría en temas financieros.
- Apoyo en servicio al cliente.
- Soporte legal y administrativo.

Toptal

Toptal, a diferencia de las plataformas anteriores, es más especializada. Fue construida sobre la creciente demanda de programadores y diseñadores de Software, una profesión que no para de crecer y que se proyecta como la más importante para los próximos años. Esta página web, que permite la comunicación entre empleadores y profesionales independientes de áreas técnicas, conecta a empresas e instituciones con talento humano altamente cualificado. Ahora bien, mientras que en Workana pueden participar prácticamente cualquier persona, en Toptal el nivel de especialización requiere exige mucho más. Por lo tanto, los freelances deben pasar y aprobar un extenso recorrido en un intervalo de 5 semanas. Esto con el fin de garantizar que cumple con las exigencias técnicas demandadas por las empresas que hacen vida en Toptal.

Aunque esto podría asustar a cualquiera, la realidad es que Toptal ha sabido posicionar su nombre dentro de las listas porque ofrece un servicio sobre altos estándares de calidad. Si eres programador o especialista en finanzas, esta opción puede serte de gran ayuda. Indudablemente, es un camino arduo. Pero, por otro lado, compites contra menos profesionales que en otras plataformas del mismo estilo. Estas son las especializaciones que más demandan dentro de Toptal:

- Diseñadores y programadores.

- Diseñadores y expertos en gráficos/multimedia.
- Expertos en investigación y lanzamiento de productos.
- Especialistas en finanzas.
- Especialistas en metodologías ágiles de gerencia de proyectos como Scrum o Lean.

Simply Hired

Con Simply Hired cambiamos drásticamente. Se trata, este, de un portal de empleo que te ayuda y simplifica la búsqueda de empleo. Es tan sencillo como entrar en la plataforma e introducir tus datos de búsqueda. Por ejemplo: ocupación/oficio/carrera/especialización y la ubicación geográfica en la que te gustaría trabajar. Es importante, en la dinámica de la página, que este llenado sea específico. Una vez que lo hagas, obtendrás muchísimas ofertas de empleo en función a tus requerimientos personalizados. Estas estarán ordenadas por relevancia y fecha de publicación, lo que es de gran ayuda para no perder tiempo en ofertas que ya hayan sido cubiertas.

La utilización de palabras claves es imprescindible para activar el motor de búsqueda y tener una experiencia mucho más efectiva con la misma. Seguramente tienes una cuenta en LinkedIn. Simply Hired bebe de la misma premisa, pero mejora por mucho la experiencia del postulante, quien no tendrá que adquirir paquetes premium (salvo contadas excepciones) para sumergirse en todas las alternativas de empleo que estén activas en el radio que haya marcado en sus filtros. Una propuesta novedosa que mejora a sus antecesores por la posibilidad de emplear un motor de búsqueda óptimo.

PeoplePerHour

Es probable que, mientras lees este segmento, piensas en que todas estas plataformas dedicadas al trabajo independiente fueron creadas recientemente en vista de lo antes conversado. No es el caso de PeoplePerHour. Esta página web, fundada en el año 2007, cumple bastante bien con sus objetivos de conectar de forma fluida y segura a las empresas con freelances en busca de nuevos proyectos. Si quieres trabajar en línea, si consideras que has cerrado el ciclo de trabajar en una oficina como hasta ahora, esta opción te puede ser útil. Áreas diversas, la garantía de que tanto empleador como profesional cumplirán con los términos acordados en la negociación inicial, esta es una característica que nosotros los freelancers valoramos muchísimo.

Dependerá, desde luego, de tu interés y de las habilidades que hayas adquirido durante tu trayectoria profesional. Pero, en PeopelPerHour, tendrás acceso a infinidad de proyectos de distintos tipos, dentro de los que destacan:

- Programación y diseño de software.
- Creación de contenido y redacción de documentos.
- Traducción.

- Diseño gráfico y tareas creativas.
- Marketing digital y ventas.
- Fotografías y audiovisuales.
- Edición de videos y audios.
- Apoyo administrativo.
- Comunicación social.

Aquent

Aquent es una de esas plataformas que, sin tener tanta popularidad en Latinoamérica, ha tenido una trayectoria bastante exitosa. Reconocida como una de las mejores empresas Freelance, ha sido reconocida con infinidad de premios en función a su destacable labor en el sector. Ahora bien, hay una particularidad que debes tener en cuenta antes: la empresa exige al menos dos años de experiencia comprobable como freelancers. Sin embargo, esta exigencia no es tan rigurosa como supones, pues puedes demostrar que estás recién graduado en alguna carrera de gran demanda dentro de la plataforma para que te sea permitido explorar y, ¿por qué no?, hallar un proyecto para trabajar remoto, online y a tiempo parcial.

El enorme prestigio de esta empresa la posiciona como una de las mejores, llegando incluso a firmar acuerdos de gran relevancia comercial con empresas como ADOBE. Por lo tanto, no estamos hablando de un aprendiz en el juego. Una oportunidad que puede llevarte al siguiente nivel.

Crowded

La inteligencia artificial aparece, en este punto, para que tengas en cuenta la imponderable relevancia de las nuevas tecnologías en las nuevas ideas de negocio que surgen y se consolidan en distintos sectores y/o mercados. En este sentido, Crowded surge como una solución bastante innovadora, especialmente para tener un proceso de reclutamiento y selección apalancado en la Inteligencia artificial. ¿Qué te parece? Básicamente, lo que ofrece la plataforma es que, si eres freelance, no tengas que pasar demasiado tiempos buscando proyectos a los que postularte en función al precio definido por tus horarios, tus habilidades y tu experiencia en el sector. ¡El tiempo vale oro! Y los creadores de Crowded lo han entendido a la perfección.

The Creative Group

Si entras a la página web, te encontrarás el siguiente anuncio:

Inyectando pensamiento creativo en todo lo que hacemos, lo ayudamos a atraer a las personas adecuadas y aumentar la presencia de su marca para impulsar su negocio. Nuestro galardonado equipo se especializa en branding, impresión, web y campañas de marketing completamente integradas.

Si eres un profesional independiente en el marco de la publicidad y las comunicaciones, encontrarás en esta plataforma una serie de oportunidades y proyectos para que eches a andar tus habilidades con empleadores dispuestos a valorar tu esfuerzo. Como con todas las anteriores, la plataforma establece canales de comunicación entre los interesados, garantizando el cumplimiento de los acuerdos y haciendo valer el derecho de todas las partes. Un equipo de creativos dispuestos a trabajar en temas interesantes, sin sacrificar sus libertades. ¡Otra gran alternativa para hacer mucho dinero desde le trabajo freelance!

Capítulo 3

Hazlo hoy: transforma tu mentalidad y obtendrás tu libertad financiera

Ahora dispones de nuevos conocimientos, de saberes, de recursos que podrás utilizar de distintas maneras para alcanzar la libertad. Todas las recomendaciones y descubrimientos del capítulo anterior serán un punto de inflexión entre la persona que eras al principio del libro y en quien te convertirás cuando hayas puesto en práctica lo aprendido. Porque, en esencia, ese es el propósito que me he trazado desde el primer instante en el que planifiqué dicho contenido. Tienes nuevas herramientas, apalancadas en el crecimiento de las nuevas tecnologías y en las tendencias que hoy dominan los mercados. Pero ¿es suficiente? Si fuese tan fácil generar riqueza, querido lector, libros como este no serían ni necesarios ni aportarían valor alguno al debate. Hay algo más.

Tu mente, deberás saber, es la herramienta más importante de cualquier ser humano. Todos, en mayor o menor medida, gozamos de las mismas condiciones en cuanto a la estructura de la mente. Luego podemos debatir sobre capacidades cognitivas u otros factores que entran dentro de la subjetividad. Pero, a priori, y te lo digo por experiencia, las dificultades económicas que tanto sufren las personas en la actualidad son la consecuencia directa de cómo están sus mentes en términos de condicionamientos, hábitos y creencias. Porque, a fin de cuentas, somos el resultado de nuestras mentes. En este último capítulo hablaremos un poco de lo que puedes hacer para que el camino hacia la abundancia fluya de la mejor manera posible.

Empezaré con la siguiente recomendación: toma papel y lápiz. Anota cualquier información que consideres relevante y afronta este capítulo con mente abierta. No te diré lo que debes o no hacer, porque es tu vida, pero si realmente estás interesado/a en que las cosas fluyan en esto de convertirte en alguien genuinamente libre, es indudable que deberás cambiar cosas en lo relacionado a tu programación mental. Lo quieras o no, lo aceptes o no, hay obstáculos que no tienen relación con el mundo material, sino con la forma en que los aceptas o interpretas. De eso hablaré, para ti, en estas páginas.

Supera y deshazte del consumismo

No tienes idea de la cantidad de conflictos y problemas te ahorras cuando logras romper con esta dinámica tan dañinas del consumismo. Ser libre implica, entre otras cosas, tener el control de tu vida en todos los sentidos. Con esto me refiero a no caer en la trampa de los malos hábitos, de las dependencias, de los vicios mecánicos. Por increíble que parezca, un alto porcentaje de nuestros comportamientos viene determinado por la programación mental de cada uno. Es así como una persona no logra ser productiva en sus quehaceres por estar encerrada en el hábito de la procrastinación. Este es apenas uno de los muchos ejemplos que podría citar para ti.

Quien tiene vicios o malos hábitos, jamás será libre. La mente, asediada por esa necesidad de sucumbir ante el hábito, no estará lo suficientemente clara para abrir puertas, para aprovechar las oportunidades que la vida pone a nuestra disposición. En este sentido, una cárcel que nos mantiene subyugados es el precario manejo de las emociones. ¿Quién no ha sufrido con estas? De allí la importancia de trabajar en tu inteligencia emocional, en tu autocontrol. Para que, lejos de ser una víctima de tus pulsiones, seas el dueño total, el claro dominador de dichos impulsos. Así, aunado a otros elementos, serás tan libre como anhelas ser.

La cuestión emocional no es el único obstáculo que tú, como aspirante a esa independencia tan necesaria, enfrentarás. También están los hábitos que hemos adoptado, de forma involuntaria, a lo largo de nuestras vidas. El consumismo está en el podio. A menudo se asocia la palabra *abundancia* con la capacidad de consumo, y de alguna manera existe un vínculo, pero se trata de un tema que va mucho más allá. Es indiscutible que la sociedad, y sobre todo la occidental, es profundamente consumista. Nacemos, crecemos y morimos bajo la idea de que el ser humano que tiene mucha capacidad de consumo es más feliz, pero, ¿qué tan cierto es esto? Sin ánimos de sumergirme en temas demasiado profundos, es un sinsentido del tamaño del sol. El consumismo es, por naturaleza, una atadura. La persona no siente que pueda ser feliz si no es mediante la adquisición de cosas que, en muchos casos, ni necesita.

En la medida en que rompas con este patrón, te irá mucho mejor y serás alguien más valioso y consciente de la importancia del dinero. Está claro que todos luchamos por la abundancia porque, en el fondo, queremos vivir bien. Pero ¿vivir bien significa tener el dinero suficiente para comprar todo lo que veamos en un almacén cualquiera, incluso si no lo necesitamos? No. Vivir bien significa no estar atado a nada, gozar del tiempo para pasarlo con nuestros seres queridos sin el temor de ser despedidos o de que el negocio se caiga en nuestra ausencia. Este debe ser tu propósito. Ya te he dicho que la libertad es una condición mental. Solo unas pocas personas se toman en serio esto y trabajan en dicha dirección. Tú, lo sé, estarás en esta lista a partir de ahora. En la medida en que desarrolles el autocontrol suficiente para vencer las pulsiones emocionales, para dejar atrás los hábitos mecánicos que te esclavizan, estarás dando pasos significativos hacia la independencia total.

Tu abundancia no depende de lo material

Puedes eliminar de una vez por todas esa necesidad de consumir, de comprar, porque más que necesidad es un constructo cultural al que te has aferrado desde que tienes uso de razón. Quiero ponerte un ejemplo que ilustra de la mejor manera la no relación entre abundancia y *lo material*. Si has conseguido ampliar tus fuentes de ingreso y tus balances financieros son solventes, sentirás ese alivio de que puedes adquirir prácticamente cualquier cosa (teniendo en cuenta, claro, que no solo se trata de dinero). Entonces descuidarás cuestiones relacionadas a tu propia salud. Como tienes algo de dinero, ¿para qué cocinar? Mejor pediré comida rápida y así me dedico a otras cosas. Pero, a su vez, la comida rápida es un mal endémico que tu organismo resentirá en cuestión de tiempo. Entonces, ¿vale la pena sacrificar tu salud por cuestiones materiales?

Tener abundancia es gozar del tiempo para hacer lo que nos apasiona, para pasar ratos de calidad con nuestros seres queridos, con las personas que amamos. No estar atados a horarios o rutinas. A esto me refiero con libertad. Un padre no quiere hacerse rico para comprar más cosas, sino para que su hijo tenga todo lo que él nunca llegó a tener en su infancia. Una madre que emprende trabaja en relación de dependencia e invierte en instrumentos financieros no está pensando en adquirir la mansión más costosa de su ciudad, sino en construir sistemas automáticos de abundancia para que el dinero trabaje por ella incluso mientras acompaña a su pequeño a hacer las tareas de la escuela o cuando lo lleva a actividades extracurriculares. En el tiempo es donde radica la importancia del dinero, y el tiempo no es material. Si te familiarizas con esta idea, tomarás mejores decisiones y romperás con viejos patrones que nada aportan a tu crecimiento personal.

Asegúrate de ser feliz, ¡es lo importante!

No hay nada más importante que ser felices, querido lector. El dinero forma parte de esta felicidad, pero no la define en sí misma. Y eso es lo que he aprendido durante tantos viajes, tantas experiencias, durante toda mi trayectoria. Hombres y mujeres, profesionales relativamente exitosos, que ganaban mucho más por encima de la media y sin embargo no eran capaces de sentirse plenos. ¿La razón? No eran libres. Algunos porque tenían una mentalidad orientada al consumismo. Por mucho que ganaran, si esto no les alcanzaba para comprarse las mejores cosas de la ciudad, sufrían. ¿Qué sentido tiene esto? Seguramente habrás escuchado el siguiente proverbio popular: el más rico no es el que más tiene, sino el que menos necesita. Y, aunque no se tenga certeza sobre el autor de dicha frase, esta contiene una verdad universal, la columna vertebral del tipo de mentalidad que desarrollarás en aras de tu libertad e independencia financiera.

La felicidad es un concepto individual que parte de las necesidades de cada ser humano. Pero, sea cual fuere tu definición de autorrealización, necesitarás la abundancia suficiente para llegar a ella. Llevar a la práctica lo que aprendiste en el capítulo anterior te dará resultados claros en este sentido, pero, por otro lado, no será suficiente sino transformas algunas creencias en ti, algo más vinculado con tu mentalidad que con el mundo a tu alrededor. La felicidad, ¡esa es la verdadera meta! ¿Por qué permanecer en una casa donde no te sientes satisfecho? ¿Por qué no renunciar a ese empleo en el que te tratan mal? Estás desperdiciando años de tu vida (¡y solo tienes una!) solo por miedo a no cubrir con patrones consumistas que, además, te dañan más que favorecerte. En la medida en que cambies ese chip en tu mentalidad, todo mejorará. Te lo digo por experiencia.

Despide a tu jefe y emprende con pasión

La actualidad económica de los países más importantes y desarrollados del globo terráqueo se sustenta sobre la base del emprendimiento, no de los grandes empresarios. ¿Lo sabías? Sé que no hace sentido, pero es una realidad que se manifiesta en todos los informes estadísticos de países como Estados Unidos, Canadá, Inglaterra e incluso Francia. Las personas, especialmente las próximas generaciones, no romantizan el trabajo por dependencia como hicieron nuestros bisabuelos y tatarabuelos. Ahora la premisa es otra: emprender para que, así, no haya un límite a nuestro crecimiento. Si no eres feliz en tu empleo actual, si sientes que ganas poco para todas las responsabilidades que tienes en la unidad, si te menosprecian por cualquier razón, no eres feliz... ¡entonces despide a tu jefe!

No tiene sentido que te quedes donde no eres feliz, donde no te sientes valorado. El mejor camino, a partir de ahora, es el emprendimiento. Pero no un emprendimiento común y corriente, debes entregarte en cuerpo y alma. De lo contrario, serás tanto o más infeliz que cuando trabajabas para una pequeña empresa como oficinista. Tu idea de negocio es, por así decirlo, tu pequeño hijo. Nadie descuida a sus hijos. Los padres valiosos hacen todo lo que esté a su alcance para garantizar que sus hijos crezcan y se desarrollen en las mejores condiciones posibles. Tu hijo, ese emprendimiento que desde hace años quieres echar adelante, es tu hijo. ¿Qué estás esperando? El futuro es ahora, amigo mío, y estamos ante un momento de la historia en el que emprender es tan sencillo como comer tu postre favorito.

Vive en coherencia con tu propósito de vida

¿Ya identificaste tu propósito de vida? Si la respuesta es *sí*, déjame decirte que viene la parte más complicada: la coherencia. Quizá no seas consciente de esto, pero vivimos tiempos en los que la distracción está a la orden del día. Las notificaciones de las redes sociales, los correos electrónicos, las improductivas reuniones, las relaciones sociales sin mayor importancia. Se nos exige estar en todos lados al mismo tiempo, y esto nos ha empujado a creer que la vida verdadera es aquella que visualizamos en la notificación del celular. ¿Por qué te digo esto? Porque un ser humano de valor, que está orientado a los resultados, entiende que debe prescindir de cualquier distracción que no esté relacionada con su propósito. Esto es vivir en coherencia.

Y sí, claro que debes gozar de tiempos de ocio, ¿quién no?, pero estos ratos de ocio no deben superar, nunca, el tiempo de sacrificio y entrega a tus proyectos. Llegado un punto, cuando tu sistema de prosperidad sea por completo automático, tendrás el tiempo suficiente para hacer otras cosas, pero siempre teniendo presente cualquiera que sea tu propósito. La coherencia se define, pues, como la capacidad de las personas para actuar y decidir en función a lo que esperan alcanzar. Cualquier variación de esta premisa queda fuera de orden y, definitivamente, pasma tu crecimiento como persona. Haz la prueba al término de la lectura. Piensa en todas las veces que has dejado pasar oportunidades que te acercarían a tus metas solo porque no fuiste capaz de modificar algún hábito o patrón conductual. Notarás diferencias increíbles.

¡Libérate de la carrera de las ratas!

Todos, sin excepciones, hemos estado y permanecido atrapados en la carrera de las ratas durante buena parte de nuestras vidas. Personalmente, conseguí liberarme de esta esclavitud y, desde entonces, mi vida no ha parado de mejorar en todos los sentidos. Quiero lo mismo para ti, pero, también debes desearlo tú. Ahora bien, ¿qué es la carrera de las ratas? Lo primero que debes saber es que se trata de un concepto social que parte de una premisa bastante clara: seguir lo establecido. Es decir, seguir al rebaño, seguir las reglas y regulaciones sociales que nos han impuesto desde tiempos inmemoriales. En líneas generales, de eso se trata la carrera de las ratas.

A priori, parece imposible romper esta dinámica. La sociedad nos dice que debemos adquirir un inmueble, incluso en detrimento de nuestra salud financiera. Nos empuja, asimismo, a solicitar un préstamo para adquirir un vehículo, pero ¿por qué? No hay explicaciones, es la orden incuestionable. Para liberarte de la carrera de las ratas hay que tomar decisiones que van contra la marea. Por ejemplo, en lugar de endeudarte para adquirir una casa, empieza un camino de transformación de tus ingresos, empezando por liberarte de los pasivos y adquirir más activos. Si tenemos en cuenta que un activo es un bien que te genera beneficios y un pasivo es aquel que únicamente te genera gastos, tendrás una idea clara de aquello que debes eliminar de tu vida. Así habrás dado el primer paso para liberarte de la carrera de las ratas que has cargado a cuestas desde hace tantos años.

Conclusión

Cuando comencé en este camino, supe que no sería nada fácil. Había tantas cosas en contra y mi autoconfianza no era la más fuerte. Sin embargo, conforme fue pasando el tiempo y me comprometía con esa independencia financiera que quería en mi vida, me di cuenta de que muchas de las barreras eran mentales y no objetivas. Los obstáculos no estaban en el camino sino en mi propia imaginación. Eso es lo que pasa con un altísimo porcentaje de la sociedad actual. No hay monstruos más allá de los que ellos han alimentado durante años en el interior de sus mentes. Hasta el momento, ha sido un camino asombroso, plagado de experiencias, anécdotas y decisiones que me han traído hasta aquí. ¿Me arrepiento de algo? Únicamente de no haber comenzado antes.

El segundo capítulo de este libro me exigió bastante documentación porque, aunque conocía bastante bien cada una de las herramientas, el camino para transmitir el mensaje es diametralmente opuesto. Pero, ahora que hemos llegado al final, no puedo sino darte las gracias por la oportunidad, por permitirte encontrar una nueva perspectiva en este tema tan apasionante. Nacimos para ser libres, pero, en el camino, perdemos un poco el norte. Solo serás culpable si permaneces voluntariamente encerrado tras esos barrotes construidos sobre miedos, condicionamientos y creencias limitantes. ¡Tantas oportunidades! ¡Hay tantas maneras de generar riqueza!

Te invito, pues, a que tomes este libro como una guía para la acción, como ese viejo amigo al que siempre consultamos cuando no tenemos las cosas del todo claras. Porque el libro que hoy das por terminada encierra en sus páginas buena parte de mi experiencia como trotamundos, como una persona que un día decidió el camino de la libertad y no lo abandonará nunca. En tus manos habita el poder y las herramientas necesarias para cambiar lo que haya que cambiar en aras a la prosperidad, de la tranquilidad. Ya basta de seguir el camino de las ratas, ya basta de cumplir con lo que la sociedad te impone si esto no contribuye de ninguna manera a tu autorrealización.

La verdadera meta es la felicidad, querido lector. Y no se puede ser libre si no contamos con la libertad para vivir plenamente. Genera riqueza, conoce el mundo, crea abundancia en todos los sentidos, vive sin ataduras ni restricciones. ¡Sé feliz más allá de lo material!

Otros libros del mismo autor:

Surfea las tendencias y hazte rico: Los secretos de las criptomonedas, los NFTs y los metaversos

Lo que nadie te cuenta sobre CRIPTOACTIVOS: No pierdas tu dinero, domina el mercado y aprovecha la oportunidad

Un regalo

Te queremos recompensar tu compra dándote más de lo que esperabas: otro libro del mismo tema totalmente gratis. Lo puedes descargar siguiendo el enlace: **https://www.subscribepage.com/librosdefinanzas**, o con el código QR:

Además, te comunicaremos información interesante, como otros *ebooks* gratis. O, si no quieres recibir más correos, puedes poner fin a la suscripción cuando quieras, gratis, con solo un clic.

Si este libro te ayuda, agradeceríamos mucho una reseña (en la empresa de Jeff Bezos, Google...) y que lo compartas con quien consideres.

Muchas gracias por llegar hasta aquí, ojalá hayas disfruta al viaje. Ahora empieza lo difícil: implementar lo aprendido.

Lightning Source UK Ltd.
Milton Keynes UK
UKHW010640030123
414755UK00014B/614

9 798215 458921